PUGLIA
Contemporary Style

CONGEDO PUBLISHING

Contents

INTRODUCTION

A book about the contemporary soul of Puglia.
Not merely a land of trullos, ancient buildings and masserias.
It is always more an avant-garde place, a place of high experimenting, a workshop of architecture and design. Where experts from all over the world, precious intellectual talents choose to take the challenge, add their touch, give their interpretation. And it becomes the cradle, the retreat and the crossroads. All at the same time.
Reinventing the ancient or starting from nothing. Reinterpreting or inventing. With the naïve eyes of those who come from the outside and are fascinated by it. Or with the aware eyes of those who have always invested their thoughts here.
A Puglia beyond Puglia. That offers its colors, its clean lines, its light, its skies, seas, olive trees, its views like an immense scene where one can make things happen. Transforming. Facing one's past and above all one's future.
A Puglia that you get to know deeply. And that when it dares, it is fully aware of its past, of its history.
A Puglia that always shows new faces, that adds new layers, that opens up new paths. A more intriguing Puglia.
A Puglia that, right when the world recognizes it for its more traditional architectures, goes beyond that definition, takes the challenge and from there finds the courage to leave another mark.

INTRODUZIONE

Un libro sull'anima contemporanea della Puglia.

Non solo terra di trulli, palazzi e masserie.

Ma ormai sempre più luogo d'avanguardia, teatro di sperimentazione alta, laboratorio di architettura e di design. Dove grandi nomi del panorama internazionale, committenti importanti, talenti intellettuali preziosi, scelgono di mettersi alla prova, di aggiungere un pezzo, di dare un'interpretazione. E si fa culla, ritiro, eremo e crocevia. Tutto allo stesso tempo.

Rivisitando l'antico o partendo da zero. Rileggendo o inventando.

Con gli occhi vergini di chi viene da fuori e ne subisce l'incanto. O con gli sguardi pieni di chi ha sempre investito qui i propri pensieri.

Una Puglia oltre la Puglia. Che offre i suoi colori, le sue linee pulite, la sua luce, i suoi cieli, i suoi mari, i suoi ulivi, i suoi sfondi come un' immensa scena nella quale far succedere delle cose. Trasformarsi. Mettersi a confronto con il proprio passato e soprattutto con il proprio futuro.

Una Puglia che si conosce a fondo. E che nel momento in cui osa, ha ben presente il proprio passato, la propria storia.

Una Puglia che mostra sempre nuove facce, che aggiunge altri strati, che apre altri percorsi.

Una Puglia sempre più intrigante.

Una Puglia che, proprio nel momento in cui è cara al mondo per per le sue architetture più tradizionali, scavalla quella dimensione, si mette in discussione e da lì prende il coraggio per lasciare un altro segno.

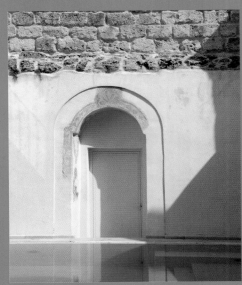

city houses
case di città

the secret town palace

An amazing palace right in the heart of Salento.
A project that reminds us of the feeling of belonging to one place, and yet to many others. That reminds us of childhood memories, trips around the world, contemporary fascinations. A series of surprises, different levels and different depths and perspectives. An intriguing architecture that is revealed in the double curved staircase that unveils sudden parts of blue while it leads into the kitchen and the dining room and right at the end of it to a garden with lemon and orange trees and aromatic herbs.
On the first floor, several bedrooms open to the terrace and the long hall made of rooms one into the another, a gallery of collections, where peculiar objects are kept. Important, theatrical spaces alternated by intimate, cozy and private places that communicate and complete each other. Like the 'suppinna' (a traditional rural building from Salento) that stands over the roofs giving a glimpse of an ancient world that is still alive. Or like the spa, situated in a wing on the ground floor, built around a pool of water under the sky.

Above and left the entrance to the palace.
In alto e a sinistra l'entrata del palazzo.

Next pages, the big hall.
Nelle pagine seguenti, il grande salone.

Uno splendido palazzo aristocratico nascosto in un centro storico dell'entroterra salentino.
Un progetto che sa di appartenenza ad un luogo, ma anche a molti altri. A ricordi d'infanzia, a viaggi per il mondo, a fascinazioni contemporanee. In un gioco di rimandi e di sorprese, di piani su più livelli e su più profondità. In un'architettura intrigante che si annuncia già nella scala a doppia tenaglia che scopre improvvise porzioni di azzurro, mentre immette nella zona pranzo e cucina, da cui fa capolino, in fondo, un orto concluso con l'agrumeto e le aromatiche. Al primo piano, la terrazza dove si affacciano le tante camere da letto ed il lungo, periscopico, salone composto da stanze nelle stanze, una galleria consacrata alle collezioni, dove vibrano oggetti dalla personalità esuberante. Spazi importanti, teatrali, cui si alternano luoghi intimi, raccolti, privati. In dialogo e in completamento. Come "la suppinna" che svetta sui tetti regalando un improvviso affaccio su un mondo ancora intatto. O la spa, in un'ala al piano terra, avviluppata intorno ad uno specchio d'acqua che guarda solo il cielo.

Above, one sofa and the dining room.
In alto, un divano a barca e la sala da pranzo.

Left, the black kitchen on the background.
A sinistra, la cucina nera sullo sfondo.

Next pages, one passage hall and the manor bedroom.
Nelle pagine seguenti, una sala di passaggio e la camera da letto padronale.

Above, the private spa.
In alto, la spa privata.

Right, the pool.
A destra, la piscina.

Above, a small terrace for breakfast.
Sopra, una piccola terrazza per le colazioni.

Left, the 'suppinna'.
A sinistra, la 'suppinna'.

the big flat in the umbertinian area

A beautiful apartment in the Umbertino neighborhood in Bari, with wide openings to the sea and to its noble neighborhood. An intense project, dominated by color, design and art where a painting by Mary Obering influences and inspires a project that continues with the white marbles of Antonio Trotta, the flashes of Hector Saunier, the geometries of David Tremlett.... A confident aesthetic and the needs of a well-structured apartment after four years allowed the creation of the rest.

A U-shaped structure, a long wing with the entrance, the salon, the studio with the home theater, the dining room; the two short wings with the living room, the kitchen, the bathrooms on the one hand and the bedrooms and guestrooms on the other.

A project carried out after research, attention to detail and balance between the parts, where in time, like elements of a mysterious mosaic that was drawn before it all began, every part finds its own place, finds harmony with the other elements in a work where every kind of personality can find their own private place and places to share with the others. The energies, the atmospheres, the magic of the more secluded areas and the more open ones.

An extraordinary gallery where Dino Sibilano's great skills transforms the harmony of a very close family into architecture.

Uno splendido appartamento nel quartiere umbertino di Bari, con ampi affacci sul mare e sull'aristocratico quartiere intorno.

Un progetto intenso, dominato dal colore, dal design, dall'arte, dove un quadro di Mary Obering diventa l'intuizione, la musa che traccia un percorso che continua con i bianchi marmi di Antonio Trotta, i lampi di Hector Saunier, le grandi geometrie di David Tremlett.... Poi un'estetica sicura e le esigenze di una residenza ben articolata, in quattro anni di lavori, permettono di costruire il resto.

Un impianto ad "U"; con un braccio lungo di rappresentanza dove si susseguono l'ingresso, il grande salone, lo studio con l'home theatre, la sala da pranzo; i due bracci corti con il living, la cucina, la zona servizi da una parte, e le camere da letto e ospiti dall'altra.

Un luogo di ricerca, di studio del dettaglio, di equilibrio tra le parti, dove nel tempo, come le tessere di un mosaico misteriosamente disegnato prima che tutto avesse inizio, ogni pezzo prende posto, trova la sua casa, trova l'armonia con gli altri elementi in una composizione dove ogni personalità trova il proprio luogo privato e i luoghi da vivere con gli altri. Le energie, le atmosfere, le sfumature degli spazi più appartati e di quelli più esposti.

In una galleria straordinaria dove la maestria di Dino Sibilano, in dialogo continuo con la committenza, declina in architettura l'armonia di una famiglia dai rapporti forti.

Above, the entrance to the apartment.
In alto, l'entrata dell'appartamento.

Right, the home-theatre.
A destra, l'home-thetre.

Next pages, the big living-room.
Nelle pagine seguenti, il grande living.

The manor suite.
La suite padronale.

Previous pages, the dining-room and details.
Nelle pagine precedenti, la sala da pranzo e dei dettagli.

Left and above the children rooms.
A sinistra ed in alto, le camere dei ragazzi.

the palace and the vertical garden

An important place.
A combination of different elements: a fascinating building from the early Nineties in Lecce, a very definite and clear aesthetic direction chosen by the owners who own an extraordinary art collection and the guide of Antonio Citterio.
A breathtaking first impact, from the waterfall of the vertical garden in the central court that acts like a natural stage for a work by Anselm Kiefer.
And then a crescendo, floor by floor. Where the spaces and the peculiar typical vaults host other works by the same artist. While life flows and the rooms flow one into the other, crossed by oblique light, with design décor pieces that were individually selected and that draw the attention on specific corners and long corridors.
A house that becomes the gallery of a creative genius and an important collection that is in constant dialogue with those who live in there. Art, architecture, design, life. In a constant exchange. That changes the perception of things, the sense of what is beautiful, the quality of life. Sublimating the most authentic, instinctive and inner sense of living. Marking a space that represents intimacy, catharsis, energy. And that, looking back to the past, always looks ahead to the future.

Above and right, the entrance to the palace with the vertical garden.
In alto e a destra, l'entrata al palazzo con il giardino verticale.

Next pages, the big living room.
Nelle pagine seguenti, il grande living.

Un luogo importante.
Innesto felice di più fattori: un affascinante palazzo primi Novecento a Lecce, una committenza illuminata con un'estetica precisa, una collezione d'arte straordinaria, la regia di Antonio Citterio.
Mozzafiato già dal primo impatto, dalla cascata del giardino verticale nella corte centrale, che fa da quinta naturale ad un'opera di Anselm Kiefer.
E poi via via, piano per piano. Dove gli spazi e le peculiari volte salentine si fanno teatro, si fanno alloggio di altre opere dello stesso artista. Mentre la vita fluisce e gli ambienti si snodano l'uno nell'altro, attraversati da luce radente, con arredi di design scelti ad uno ad uno e tagli pensati per far focalizzare lo sguardo su alcuni angoli o su lunghi affondi.
Una casa che si fa galleria di un genio creativo ed una collezione importante che dialoga, in ogni momento, con chi ci abita. L'arte, l'architettura, il design, la vita. In uno scambio continuo. Che muta la percezione delle cose, il senso del bello, la qualità del vivere. Sublimando il senso più autentico, più istintivo e più riposto dell'abitare. Segnando uno spazio che rappresenta intimità, catarsi, energia. E che, nel passato, guarda sempre avanti.

Left and above, other areas of the living.
A sinistra e in alto, altre zone del living.

Next pages, details and the kitchen.
Nelle pagine seguenti, dettagli e la cucina.

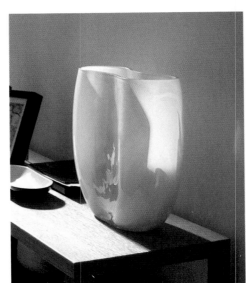

Above, the private spa.
In alto, la spa privata.

Left, the manor bedroom.
A sinistra, la camera padronale.

Previous pages, the kid's room.
Nelle pagine precedenti, la camera della bambina.

Above, the terrace on the roof.
In alto, la terrazza sul tetto.

Left, the masterpiece of Anselm Kiefer.
A sinistra, il capolavoro di Anselm Kiefer.

the palace on the citrus grove

A building in a small village in the area of "Capo di Leuca", lost in a distant time.
Someone, passing by, is moved by it and buys it after only a few hours. Love at first sight. Like for a painting. An instinctive deed.
The renovation begins and the works are long, exhausting and restless but moved by the desire to give this old building its natural elegance and to find it a new purpose: Puglia beyond Puglia.
The desire to leave a significant mark, to rethink a country, a style, a life style in one of the most traditional aristocratic architectures.
Very tall ceilings and corridors allow for the creation of perspectives between one room and the other and help giving them a meaning. The stone is the main protagonist with its colors and facets. The rest is an extraordinary clash between old, Spartan materials and their use. And the passion for art, design and elements that remind of old trips and memories.
And apparent extravagance. Like the swimming pool overlooking the void, from the terrace down to the orange and lemon trees. The vehemence of passion. A tight knot between the past and the future.

Above, the entrance to the palace.
In alto, l'ingresso al palazzo.

Right, the pool in the terrace on the lemon and orange trees.
A destra, la piscina sulla terrazza aggettante sull'agrumeto.

Next pages, the big living.
Nelle pagine seguenti, il grande living.

Un palazzotto assopito in un paesino del Capo di Leuca, abbandonato in un'altra maglia del tempo.
Qualcuno, passando, ne rimane commosso, lo compra in un pomeriggio. Un colpo di fulmine. Come per un quadro d'autore.
Un istinto.
Cominciano i lavori, lunghi, estenuanti, febbrili. Animati solo dal desiderio profondo di restituire la sua naturale eleganza ad una struttura avvilita dal tempo e di trovarle una nuova vocazione: la Puglia oltre la Puglia.
Comincia il desiderio di lasciare un segno significativo, di reinventare una terra, uno stile, una qualità del vivere nella più tradizionale delle architetture aristocratiche.
Soffitti altissimi e lunghi affondi consentono vasti giochi prospettici nel passaggio da un ambiente all'altro, aiutano a trovare il senso. Protagonista rimane la pietra, con le sue sfaccettature e le sue colorazioni. Il resto è uno straordinario contrasto tra materiali antichi, spartani, e loro utilizzo più contemporaneo. Ed ancora una passione per l'arte, il design, elementi giocosamente rapiti ai viaggi e ai ricordi. E apparenti stravaganze. Come la piscina aggettante sul vuoto, dal terrazzo su un agrumeto. L'irruzione di una passione. Un nodo stretto tra il passato e il futuro.

Above, the kitchen.
In alto, la cucina.

Left, a hall in the groundfloor.
A sinistra, una sala al piano terra.

Next pages, the manor bedroom and the light blue bathroom.
Nelle pagine seguenti, la camera da letto padronale ed il bagno azzurro.

Left and above, again the wonderful pool.
A sinistra ed in alto, ancora la splendida piscina.

the apartment between two seasons of time

An original apartment of a young couple in the neighborhood of Murat in Bari, cured by Dino and Valentina Sibilano, where the old plays with the contemporary and becomes avant-garde, going beyond time.
Thus the old and precious peculiarities of the structure represent the opportunities for experimenting, innovating and debating the new.
Working on dividing the spaces in the first place, reorganizing them, connecting them and creating perspective illusions in order to enlarge the perception of the structure. With a rhythm that allows for wide overall views as well as elements of surprise and novelty in every part. From the kitchen to the private lunch area, from the living to the sitting room, a series of situations and areas to experience. The bedrooms and the bathrooms are instead in a more reserved area.
A remarkable use of old decorations, revisited in a very innovative way with different materials like the beautiful decorated concrete floor that becomes contemporary by a coat of transparent resin or the monochromatic sinopia ceiling with a coat of a special paint that emphasizes it.
Just like in an undefinable film, an undetectable layer, a concept that places this recovery between two seasons of time.

Un divertente appartamento di una giovane coppia nella Bari Murattiana, seguito dall'estro creativo di Dino e Valentina Sibilano, dove l'antico gioca con il contemporaneo, ponendosi in avanguardia, scavallando il tempo.
Così le antiche preziosità della struttura diventano i punti di forza su cui montare il nuovo, occasioni di sperimentazione e di innovazione, di dialogo e di confronto.
Innanzitutto un lavoro sui tagli, con una sapiente orchestrazione degli spazi che dilata gli ambienti mettendoli in comunicazione e creando lunghi affondi prospettici. Con un ritmo che permette vaste visioni d'insieme, ma al tempo stesso immette degli elementi di sorpresa e di scoperta in ogni segmento. Dalla cucina al pranzo privato, dal living al salone, in un susseguirsi di situazioni da attraversare o in cui sostare. Le camere e i servizi, invece, tenuti in una zona più riservata.
Poi un geniale uso dei vecchi decori, rivisitati in chiave originale, grazie a materiali diversi. Come lo splendido pavimento decorato in cemento, reso contemporaneo dalla resina trasparente passata su o il soffitto monocromo a sinopie trattato con una vernice che ne esalta la lettura. Come un film impalpabile, uno strato impercettibile, un'interfaccia concettuale che pone egregiamente questo recupero tra due stagioni del tempo.

Above, the entrance to the apartment.
In alto, l'ingresso all'appartamento.

Right, one small living-room.
A destra, un piccolo, raccolto, living.

Above, the modern fireplace and a talking corner.
In alto, il moderno caminetto ed un angolo conversazione.

Right, the big living with the monocromatic sinopia celling.
A destra, il living con il soffitto monocromo a sinopie.

Next pages, the private dining-room and the kitchen.
Nelle pagine successive, un'intima sala da pranzo e la cucina.

Above, the bedroom.
In alto, la camera da letto.

Left, the dining-room.
A sinistra, la sala da pranzo.

country houses
case di campagna

a cisterna to live

A mysterious place, the result of an extreme experiment designed by Maurizio Macciocchi and Cosimo Cardone, a transparent crystal magic box inside an old water cistern with rock walls. The only access to this both ancient and hypermodern world is a sliding door that locks everything outside creating a bubble in a metaspace. Searching for intimacy, concentration, contemplation and silence. Searching for the twilight. And just like in a theatre, when the box is closed, only the colored lights create the scene, setting fire to the rock walls, outlining their roughness and freeing the mind of those who look. In a gradual process that feels like a journey to the core of the earth and the hypnotic power of an inner journey. A journey to a 50 square meter area, small but yet incredibly big. Where a brilliant series of mirrors and reflections delimitates the space and separates the living area from the dining and the night areas, and two sliding doors separate the kitchen and the bathroom. A box that holds ancestral and primitive energies that flow into avant-garde materials and lines. And in its rough simplicity, in the several unexpected openings, it unveils precious collections and contemporary artworks. And when it opens to life again, it turns into a great pedestal, similar to an enormous basis, a higher stage. A way to access the terrace and enjoy the long horizon, the country and the sky.

Un luogo misterioso, che nasce come un esperimento estremo dal progetto di Maurizio Macciocchi e Cosimo Cardone, una scatola magica, in cristallo trasparente, all'interno di una vecchia cisterna per l'acqua dalle pareti di roccia. Di fatto, una sola porta-finestra è il diaframma per accedere a questo mondo antico ed ipermoderno insieme, che sembra avere l'intento di lasciare fuori tutto e tracciare una bolla in un metaspazio. Alla ricerca di intimità, di concentrazione, di raccoglimento, di silenzio. Di crepuscolo. E come in un teatro, quando la scatola è chiusa, sono solo i riflettori colorati a creare la scena, infiammando le pareti di roccia, descrivendone asperità e ruvidezze, e liberando la mente di chi osserva. In un processo graduale. Che ha il sapore iniziatico di un viaggio nel ventre della terra e il potere ipnotico di un percorso dentro di sé. In un'area di fatto piccola, non più vasta di cinquanta metri quadri, eppure vertiginosamente grande. Dove è un sapiente gioco di specchi e riflessi a delimitare gli spazi e a separare il living dalla zona pranzo e da quella notte. Mentre due quinte scorrevoli, escludono la cucina e il bagno. Una teca che racchiude gelosa forze ancestrali e primitive e le coniuga solo a materiali e linee d'avanguardia. E nella sua crudezza, nei tanti tagli a sorpresa, scopre collezioni preziose ed opere d'arte contemporanea. E che quando si schiude un'altra volta alla vita, si trasforma in un grande piedistallo, quasi fosse solo un'enorme base, un postazione più in alto. Un modo per accedere alla terrazza e godere dell'orizzonte lunghissimo, della campagna e del cielo.

Above, the exterior of the Cisterna.
In alto, l'esterno della Cisterna.

Right, the entrance to the house.
A destra, l'ingresso della casa.

Next pages, the living area with the trasparent walls on the rocks coloured by the lights.
Nelle pagine seguenti, la zona living con le pareti trasparenti sulla roccia colorata dalle luci.

The dining area, the columns' collection, the bedroom, the bathroom.
La zona pranzo, la collezione di colonne, la zona letto, il bagno.

Above, the stair that goes to the terrace.
In alto, la scala che porta in terrazza.

Left, the terrace on the valley.
A sinistra, la terrazza sulla valle.

seventeen cones in Valle d'Itria

17 cones in Valle d'Itria that are tightly joined like the spires of a Cathedral.
The harshness and wisdom of this land. Stones and twisted olive trees, a powerful sky with vivid colors, a disarming beauty. Architect Amerigo Albanese from Cisternino and Architect Francesca Ciotti from Milan, renovate with great gentleness and respect for the beloved place. They work with local master craftsmen so that traditions are respected and honored. The solid and hard stone gently slides into the renovation works creating perspective illusions in harmony with the landscape.
The black pool is a pond during the day, but at sunset it turns into a mirror that reflects the cones and the thriving Mediterranean vegetation. The décor is light and essential, the lights and shades light up the sobriety of the space.
Traditional building techniques and environmental-friendly materials unite old and contemporary spaces.
A gesture of love.

Above, the cones of trullis.
Sopra, l'insieme dei coni.

Right, the pool.
A destra, la piscina.

Next pages, the circolar wedge-shaped table outdoor.
Nelle pagine seguenti, il grande tavolo circolare a cuneo.

Diciassette coni in Valle d'Itria caparbiamente uniti gli uni agli altri come guglie di una Cattedrale. Asprezza e sapienza di questa terra. Pietre e ulivi ritorti, cielo che avvolge con colori intensi, una bellezza disarmante. L'architetto di Cisternino Amerigo Albanese e l'architetto di Milano Francesca Ciotti, intervengono nella ristrutturazione con garbo, conoscenza e rispetto del luogo tanto amato. Utilizzano "maestri trullari" perché la tradizione resti un patrimonio e un orgoglio. La pietra solida e severa, scivola e affonda negli ampliamenti creando giochi prospettici in armonia con il paesaggio. La piscina nera, di giorno è uno stagno, al tramonto, è uno specchio che riflette i coni e la macchia mediterranea.
L'arredamento è essenziale e leggero, luci e ombre illuminano il rigore.
Tecniche costruttive tradizionali e materiali biocompatibili integrano spazi arcaici e contemporanei. Un gesto d'amore.

Above, the black kitchen and the bathroom made by cement and crystal.
In alto, la cucina nera ed il bagno in cemento e cristallo.

Left, the long perspective of the united trullis.
A sinistra, la lunga prospettiva dei trulli accorpati.

Previous pages, the living-room and the manor bedroom.
Nelle pagine precedenti, uno scorcio del living e la camera da letto padronale.

Outdoor views.
Vedute dell'esterno.

Above the gooses' trullino.
In alto il trullino delle oche.

Left, a view of the pool in black cement, that takes the color of the sky.
A sinistra uno scorcio sulla piscina in cemento nero che prende il colore del cielo.

experimenting Puglia

A small masseria of the early twentieth century, renovated and brought back to life respecting its essence, on the highest level of the property. To mark the passing of time and to distinguish itself from what is new. And along with this, an excellent project by Sicilian Vincenzo Melluso, who elected Puglia as his experimenting laboratory and confirms it is a land of important contemporary architectural works. A work with white paths and their extremely pure forms over different levels that stand out among the sky and the olive trees of Puglia. Apparently isolated structures, that communicate through mysterious subterranean passages where wonderful statues silently witness it all.

A place that seems identical and different at the same time. Very easy to look at, yet very difficult to read and to understand. Different if you look at it from below, where the poles come in a fan-like shape on juxtaposed levels finally leading to the elegant swimming pool. Different if you look at it from above, from the terraces of the higher levels, where interrupted geometries make the architecture resemble giant installations, sculptures and intriguing drawings. Different if you look at it from the side, from the sudden openings along the path that incorporate nature in the structure.

A special place. Where the external sobriety of the lines clashes with the research of old and modern, of art and history in interior design. Where an important taste, personality and aesthetics make it an unforgettable place.

Una piccola masseria primi Novecento, ristrutturata e riportata a dignità in memoria dell'antico. Opportunamente tenuta sul piano più alto della proprietà. A segnare il proprio tempo e a distinguersi dal nuovo. Ed accanto, un magistrale progetto del siciliano Vincenzo Melluso, che elegge la Puglia a laboratorio di sperimentazione alta e la conferma terra di importanti opere architettoniche contemporanee. Un lavoro che proietta su più livelli passerelle bianche dalle forme purissime, che si stagliano tra i cieli e gli ulivi di Puglia. Corpi apparentemente isolati, ma che comunicano attraverso misteriosi passanti sotterranei dove statue di superba bellezza si fanno silenziosi testimoni. Un luogo che appare uguale a se stesso e diverso ad ogni prospettiva. Semplicissimo a vedersi, difficilissimo a leggersi e a comprendersi. Diverso se lo si guarda dal basso, dove le stecche arrivano come in un ventaglio, su piani giustapposti, per aggettare infine sulla piscina dalle forme sinuose. Diverso se lo si contempla dall'alto, dalle terrazze dei piani superiori, dove geometrie spezzate, rendono i segmenti architettonici delle immense istallazioni, delle gigantesche sculture, dei disegni intriganti. Diverso dagli scorci laterali, dai tagli improvvisi che si aprono lungo il percorso, dagli squarci che, in ogni ambiente in modo unico, immettono nella struttura la natura intorno. Un luogo speciale. Dove alla purezza delle linee si contrappone, per gli arredi interni, una ricerca appassionata da parte della committenza, di antico e di moderno, di arte e di storia. Dove un gusto, una personalità, un'estetica importanti rendono questo luogo indimenticabile.

Above, the ancient masseria.
In alto, l'antica masseria.

Right, the new architecture.
A destra, la struttura nuova.

Above, the living-room and the bedroom in the ancient area.
In alto il living e la camera da letto della parte antica.

Right, the entrance.
A destra, l'ingresso.

The bedrooms and the bathroom.
Le camere da letto ed uno dei bagni.

Next pages, the big dining rooms.
Details.
The living room between two gardens.

Nelle pagine seguenti, la grande sala da pranzo.
Dettagli.
Il living tra due giardini.

Some views outdoor.
Alcune vedute dall'esterno.

Previous pages, one interesting architecture's cut.
The indoor pool.
Nelle pagine precedenti, un interessante taglio architettonico.
La piscina coperta.

Above, the view from the terrace.
In alto, il panorama dalla terrazza.

Left, the sinuous pool.
A sinistra, la sinuosa piscina.

the impossible architecture

An old family country house is reinvented for the sake of memories and love, traditions and history. A place that evolves into another and marks the passing of time, becomes a study case and paying homage to the past it takes a giant leap forward into the future. The intuition and the taste of the owner of the house together with the creativity of Toti Semerano gave life to an impossible architecture that becomes the temple of white and of light. The house is built and designed around a big round living room made of transparent glass that is apparently suspended over the garden. There are no pillars and the structure relies on cedar poles that release a peculiar smell after the rain. Between the cedar poles and the glass wall, there is a pond with nympheas along the perimeter of the house that is the interface between the inside and the outside of the house.

The rest of the house is a surprising combination of beautiful private gardens, places where one can meditate, can be alone and travel back in time and memory. Grandmother Margherita and grandmother Maria's presence still lingers over the gardens and the flowery bushes that evoke their essence and their simplicity. And simplicity is the main trait of this extraordinary architecture. The simplicity of someone who perfectly knows themselves, their values and story and who consequently can dare, go very far and then go back to their own roots.

Una vecchia casa di campagna di famiglia che viene reiventata per amore dei ricordi e degli affetti, delle tradizioni e della storia. Un luogo che si evolve in un altro e segna il tempo, diventa un caso di scuola e nel tributo del passato fa uno scatto in avanti, si pone in posizione d'avanguardia. Così un'intuizione della padrona di casa ed il suo gusto, coniugati al genio creativo di Toti Semerano, danno vita ad un'architettura impossibile che diventa il tempio del bianco e della luce. Cuore della costruzione diventa una grande sala di vetro trasparente, dall'andamento circolare, apparentemente sospesa nel giardino, dove pilastri e strutture portanti vengono aboliti ed i pesi si distribuiscono piuttosto su canne di cedro che imitano quelle degli ambienti acquatici e dopo la pioggia rilasciano un particolare profumo. Tra la trama delle canne e la parete di vetro, uno stagno con ninfee segue il perimetro circolare e diventa l'interfaccia tra l'interno e l'esterno. Il resto della casa è una sorpresa di ambienti dai giardini privati, rivisitazione degli orti conclusi di memoria mediterranea. Luoghi incantevoli, angoli per pensare, per appartarsi, per tornare al proprio tempo e alla propria memoria. Come quelli dedicati alle padrone di casa di un tempo, nonna Margherita e nonna Maria, trattenute nel ricordo da cespugli fioriti che ne celebrano l'essenza, la semplicità. Perché è proprio la semplicità, in fondo, il tratto più forte di questa straordinaria architettura. La semplicità di chi conosce perfettamente se stesso, i propri valori e la propria storia. E può permettersi anche il lusso di osare, di andare molto lontano, per poi tornare a sé.

Above, the entrance to the country-house.
Sopra, l'ingresso alla casa di campagna.

Right, the walkway with the wonderful wooden covering.
A destra, un camminamento dalla splendida copertura in legno.

Next pages, the impossibile architecture, the round living-room supported by cedar poles.
Nelle pagine seguenti, l'architettura impossibile, la sala circolare che si regge su canne di cedro.

The two dining rooms, one inside and one outside.
Le due sale da pranzo, una all'interno e l'altra all'esterno della casa.

Next pages, the corridor with white artworks.
Details.
Nelle pagine seguenti, il corridoio con opere d'arte in cui predomina il bianco.
Dettagli.

Above, the owner's suite and the bathroom.
In alto, la suite padronale e il bagno.

Right, one private garden.
A destra, uno dei giardini privati della casa.

Above, the view on the private garden from the jacuzzi.
In alto, veduta sul giardino privato dalla vasca ad idromassaggio.

Left, "Nonna Margherita" private garden.
A sinistra, il giardino privato dedicato a nonna Margherita.

Above, a view of the park.
In alto, una veduta del parco.

Left, one of the two Hidetoshi Nagasawa's masterpieces in this house (the other one is "the swing" in the details'page).
A sinistra, uno dei due capolavori di Hidetoshi Nagasawa presenti nella casa (l'altro è il dondolo nella pagina dei dettagli).

the pescetrullo

Two funny buildings, a pink and a light blue one, among the olive trees in Puglia created by maestro Gaetano Pesce for a Venetian art collector.
Two wooden structures covered with expanded polyurethane, that was shaped and painted and that lie on concrete platforms connected by a path that zigzags among the trees and leads from one building to the other. On the back of the buildings, two cubes covered with mirrors with a daytime bathroom and a nighttime bathroom.
An installation by Gaetano Pesce, with the round shape and the simplicity of trulli, therefore the name 'pescetrullo'. But it is also the portrait of the owners: the light blue is the man, the pink is the woman and the two cubes on the back reproduce either the profiles of their children if seen on the map or the signature of the artist from a different perspective.
A work of passion. Passion for the countryside of Puglia, for art, for architecture, for avant-garde. A 'different' place, a monument to everything that seems strange in life in theory, but that in practice finds its own reason to be in the universe.

Above the "pescetrullo" in its landscape.
Sopra il pescetrullo nel suo paesaggio.

Right, the front of "pescetrullo".
A destra, il prospetto del "pescetrullo".

Next pages, the small living and its window on the olive tree grove.
Nelle pagine seguenti, il piccolo living con la finestra sull'agrumeto.

Due buffe costruzioni, una rosa ed una azzurra, tra gli ulivi di Puglia, realizzate dal maestro Gaetano Pesce su commissione di una gallerista veneta.
Due strutture in legno annegate nel poliuretano espanso, sagomato e dipinto, sospeso su piattaforme di cemento, accompagnate da una passerella che va zig-zagando tra gli alberi per mettere in comunicazione i volumi. Sul retro, un bagno notte e un bagno giorno, in due cubi rivestiti esternamente da specchi.
Un'istallazione di Gaetano Pesce, con le rotondità e la naturalezza dei trulli, da cui il nome "pescetrullo". Ma anche un ritratto dei committenti: l'azzurro l'uomo, il rosa la donna e i due cubi sul retro che, in pianta, ricalcano il profilo dei figli o, visti da un altro verso, la firma stessa dell'artista.
Un gioco di rimandi, un progetto che ha come denominatore comune la passione. Per la campagna pugliese, per l'arte, per architettura, per l'avanguardia.
Un luogo "diverso", monumento a tutto ciò che nella vita appare strano in teoria, ma che poi in pratica trova il suo universo.

The bedroom and the shower's area.
La camera da letto e la zona doccia.

The bathroom with the walls of mirrors outdoor and the plastic bowl used like a washbasin.
Il bagno visto dall'esterno con le pareti specchiate e la bacinella di plastica usata come lavandino.

Above, a place to relax.
In alto, una postazione relax.

Left, the big table and the washbasin outdoor.
A sinistra, il grande tavolo e il lavandino esterno.

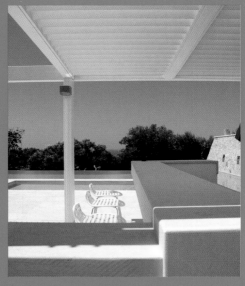

sea houses
case di mare

on a high cliff by the water

Built in the seventies, this villa lies on a high cliff by the sea.

A project that reinvents the villa thoroughly, eliminating the different levels that make it uncomfortable and the curved lines that tried to make the structure more harmonic.

The result is a new place, with horizontal and vertical edges, with clean volumes on three main levels: the upper one is the villa with the big porch, then the beautiful swimming pool built in the rock and the lower one is the sea.

Water on water, playing with different perspectives and levels. Or, starting from the sea, a series of levels from which the horizon expands, climbing up to the panoramic terrace that dominates the whole scenery.

Inside the villa, the same approach: playful, rational, amused. Fresh. The colors, the design objects and the perspective inserts tell of a house built with love and meant to be a place of light, relax and joy.

Above, the terrace of the villa.
In alto, la terrazza della villa.

Right, the pool's terrace on the sea.
A destra, la terrazza della piscina sul mare.

Next pages, view of the villa from the pool.
Nelle pagine seguenti, la veduta della villa dalla piscina.

Una villa costruita negli anni '70, su un alto bancone di roccia, a picco sul mare.

Un progetto che non esita un attimo e la ripensa completamente, eliminando i piccoli piani su più livelli, di difficile vivibilità e le linee curve che tentavano di armonizzare gli spazi.

Risultato, un luogo nuovo, che predilige con energia i tagli orizzontali e verticali, ripulendo i volumi e creando tre piani sostanziali: la casa con il grande portico in quello più in alto, il mare in quello più basso ed in mezzo, diaframma tra i primi due, una splendida piscina che si staglia sulla parete di pietra viva.

L'acqua sull'acqua, in un gioco di prospettive, di affacci, di aggetti sulla natura. O, capovolgendo il percorso e partendo dal mare, una serie di piani da cui allargare sempre più l'orizzonte.

Fino alla terrazza panoramica attrezzata come un belvedere, da cui dominare il gioco degli elementi.

All'interno, lo stesso approccio: giocoso, razionale, divertito. Fresco. Colori, oggetti di design, innesti prospettici, elementi di sorpresa che raccontano una casa seguita con passione e pensata per essere luce, relax e gioia.

The colored living room and the bedrooms.
Il colorato living e le camere da letto.

Above, the living-room outdoor on the panoramic terrace on the sea.
In alto, il living esterno sulla terrazza panoramica che guarda il mare.

Left, the dining-room outdoor.
A sinistra, la sala da pranzo esterna.

the flat on the sea

An apartment in Gallipoli, in an ordinary building among ordinary houses, right by the sea.

An apparently invisible place, yet filled with an extraordinary Mediterranean light that suddenly seals a secret deal between the master of the impossible, Toti Semerano and the owners. In one year time his project has allowed a normal place to turn into a special place.

A window on the market and on the harbor, to 'feel' the shades, the colors, the voices and the atmosphere of the Jonio sea.

The apartment perfectly embodies the atmosphere, with its lights that become like hypnotic points, where the sound of the waves becomes music, always the same yet always different. It reassures and surprises. It comes and goes.

A wave of energy that is repeated and extended on the inside. Waves that are reproduced in the hand-carved parquet flooring, in the clear shades, the whites, the vanillas, the creams. Cradled by the discreet elegance of Ernestina De Padova's décor and expanded by a combination of moving panels, moving walls, spaces that constantly change their profile.

Becoming intimate and closed or open and cozy. One and several rooms together, where the light takes on different shades according to the times of the day and the night and it captures whoever is there with its wonder.

Un appartamento a Gallipoli, nascosto in un palazzo qualsiasi, tra case come tante, di fronte al mare.

Un posto apparentemente invisibile, ma carico di una straordinaria luce mediterranea che improvvisamente diventa un patto segreto sugellato tra il maestro dell'impossibile, Toti Semerano, e la proprietà. Parte il progetto ed, in un anno, un luogo normale diventa speciale.

Una tribuna sul mercato, sul porto, da cui "sentire" i toni, i colori, le voci, le atmosfere dello Jonio.

La casa se ne appropria, ne fa quadri di luce, punti ipnotici, dove la cadenza dei riti dell'acqua diventa musica, sempre uguale a se stessa e sempre diversa. Rassicura e sorprende. Va e ritorna.

Un'energia, che viene ripetuta e allungata all'interno. Ricalcata nelle onde scolpite del parquet lavorato a mano, trattenuta nei toni chiari, nei bianchi, nei vaniglia, nei crema. Accolta dall'eleganza discreta degli arredi di Ernestina De Padova. Dilatata in un gioco di sapienza orientale di pannelli che si spostano, di pareti mobili, di spazi che cambiano continuamente il proprio profilo. Diventando intimi e conclusi o aperti ed accoglienti. Uno e tanti ambienti insieme, dove la luce vibra di diversi toni a seconda delle ore del giorno o della notte e rapisce, con il proprio incanto, chi vi è dentro.

Above and right, the views from the apartment on the sea.
In alto e a destra, il panorama del mare dall'appartamento.

Next pages, the big, charming, living.
Nelle pagine seguenti, il grande, affascinante, living.

The dinning room and a relax area.
L'area pranzo e quella relax.

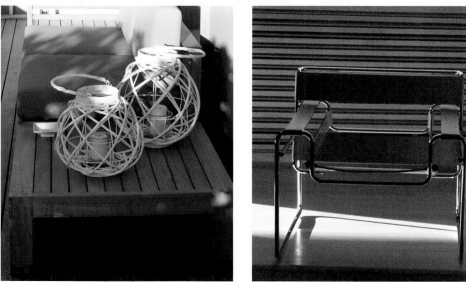

Above, small models of sailing boats.
In alto, modellini di barche a vela.

Left, the little terrace of the kitchen.
A sinistra, la piccola terrazza della cucina.

Previous pages, details and one bedroom.
Nelle pagine precedenti, dettagli e una delle camere da letto.

The kitchen with a dining corner.
La cucina con angolo pranzo.

the double perspective

A summer villa of the Seventies by the Adriatic sea recently redesigned by Dino Sibilano, who turned it upside down and developed it as a single-storey villa.

Sunlight immediately guides us to the long perspective that introduces us to the villa. Starting from the entrance, passing through the house and reaching the back with the big swimming pool and the garden.

The daytime area of the villa is dominated by whites and by the shadows that profile everything.

The nighttime area is distributed in the two symmetric wings of the villa, with bedrooms that open to little private gardens.

In a crescendo that leads the guest through a series of in and outdoor areas with thin transparent walls and almost invisible roofs where there no longer is a clear distinction between the inside and the outside creating a boundless space.

Leading us to the long path, the amazing green on the back of the villa where the perspective suddenly changes. And the picture goes back together: the swimming pool, the garden, the great white architecture, the initial garden. But far, far away in the distance. Like the world outside.

Una villa estiva degli anni Settanta, sull'Adriatico, a pochi passi dal mare e un recente intervento di Dino Sibilano che la capovolge, puntando a valorizzarne lo sviluppo completamente in piano.

Così un cannocchiale di luce imposta immediatamente la lunga prospettiva. Partendo dall'ingresso, passando per la casa e agganciando il retro, con la grande piscina e il giardino.

La zona giorno ad accompagnare e a godere di questa teoria di spazi, dove solo i bianchi e le ombre tracciano i profili.

La zona notte, più defilata, distribuita nelle due ali simmetriche rispetto all'asse centrale della casa, con camere da letto dai preziosi affacci su piccoli orti privati.

In un crescendo che accoglie l'ospite in un susseguirsi di ambienti coperti e scoperti, e in un gioco di coperture accennate e impercettibili pareti trasparenti, fino a far smarrire il senso di ciò che è dentro e ciò che fuori, fino a farne un tutt'uno. Fino al punto di arrivo della lunga passerella, il meraviglioso verde sul retro, dove la prospettiva, all'improvviso, si ribalta. E il disegno si ricompone: la piscina, il giardino, la grande architettura bianca, l'altro giardino in fondo, quello iniziale. Ma lontano, ormai molto lontano. Come tutto il mondo fuori.

Above, the entrance to the villa.
In alto, l'ingresso della villa.

Right, a relax corner in the garden.
A destra, un angolo relax in giardino

Next pages, the big pool.
Nelle pagine successive, la grande piscina.

Above, the kitchen.
In alto, la cucina.

Left, the dining-room indoor.
A sinistra, la sala da pranzo interna.

Above, one bedrom and one bathroom.
In alto, una delle camere da letto ed uno dei bagni.

Right, the peaceful living-room.
A destra, il rilassante living.

Above, another living.
In alto, un altro angolo conversazione.

Left, the dining area outdoor.
A sinistra, il pranzo esterno.

lilac and orange moods

A one-storey villa on the shores of Ostuni, with a classical Mediterranean structure and ancient tradition with gardens in the front and in the back of it. Where the rooms, the atmosphere and the area are painted with pastels instead of the classical white, adding a warm touch and painting them with lilac and orange.

With its essence and scents, its architecture and spaces it is a typical place from Puglia that was reinvented by Andrea Truglio and by the owners and turned into an exotic and different place that dares to make a difference and echo faraway places. Exciting, surprising, contemporary.

Able to channel the lights of Puglia into innovative architecture choices, in geometrical or abstract drawings, and able to soften its brightness on polished materials, to play with the reflections on empty and full spaces. And most of all, able to create cozy corners where to read, rest and relax. And able to scatter its energies over wide areas that can be devoted to one self, their family and their friends.

Una villa in piano, in una delle marine di Ostuni, con un impianto mediterraneo classico, di tradizione antica, con giardini davanti e dietro. Dove il canonico bianco lascia il passo a colori pastosi e pastellati, che riempiono con la loro carica calda, gli ambienti, le atmosfere, le superfici. E li tingono di lilla e di arancio.

Un luogo pugliese nelle essenze e nei profumi, nei tagli architettonici e nelle ampiezze, ma ripensato da Andrea Truglio insieme ai padroni di casa, come un luogo esotico e diverso, che non teme scelte forti e citazioni lontane. Emozionante, soprendente, contemporaneo.

Capace di incanalare le luci di Puglia in tagli arditi, in disegni geometrici o astratti, di stemperarne il bagliore su materiali levigati, di frangerne i riflessi in giochi di vuoti e di pieni.

Soprattutto, di raccoglierne le frange in angoli assorti, da dedicare alla lettura, al riposo, all'ozio.

O di aprirne a ventaglio le energie sulle grandi superfici, da consacrare a se stessi, alla famiglia, agli amici.

Above and right, the entrance to the villa.
In alto e a destra, l'ingresso alla villa.

Next pages, the wonderful garden with the pull.
Nelle pagine seguenti, il meraviglioso giardino con piscina.

The two bedrooms, the dining-room and the living.
Le due camere da letto, il pranzo ed il living.

Previous pages, the kitchen and details.
Nella pagine precedenti, la cucina e dei dettagli.

Above, the reading area.
In alto, una zona per leggere.

Left, the long perspective through the heart of the house.
A sinistra, la lunga prospettiva che attraversa il cuore della casa.

in front of the lighthouse

A unique location - facing the sea, in front of the lighthouse. In Leuca, where Italy ends.
Only the white of the building and blue; of skies and water. Without interruptions. Without loss of continuity. Without compromise. Set in nature that inspire silence, continuously, at every glance, anytime of night and day, its colors focusing the mind.
A project of importance, a total rethinking of a villa dating back to the 1970s, focusing the perspective of the villa's terraces in its relation to the sea view. A place where neutral tones and smooth surfaces allow the light to dance, the volumes appear flattened and the balustrades transparent. Where nothing disturbs the eye, the mind, the thoughts.
The interior becomes one with the exterior, in a continuous dialogue, in harmony. Harmony of a space conceived to offer restfulness, tranquility, focus. In absoluteness.

Above, the villa outdoor.
In alto, la villa dall'esterno.

Right, a view of the pool and the sea.
A destra, una veduta della piscina e del mare.

Una location unica, di fronte al mare, di fronte al faro.
A Leuca. Dove l'Italia finisce.
E poi solo il bianco della costruzione e il blu. Del cielo e dell'acqua. Senza cesure, senza soluzione di continuità, senza tregua. Con una natura che si impone silenziosa, continuamente, ad ogni sguardo, ad ogni ora della notte e del giorno, magnetizzando l'attenzione con i suoi colori.
Un progetto importante, un completo ribaltamento di ciò che era stato costruito qui negli anni '70, per fare spazio, piuttosto, a una casa a terrazze pensata dal punto di vista del mare. Un luogo dove i toni neutri e le superfici lisce lasciano scivolare la luce, i volumi quasi sembrano appiattirsi e i parapetti farsi trasparenti. Dove nulla disturba l'occhio, la mente, i pensieri.
E l'interno diventa un tutt'uno con l'esterno, in continuo dialogo, in armonia. L'armonia di uno spazio concepito per giorni di pace, di tranquillità, di concentrazione. Di assoluto.

Above, the kitchen and the dining-room.
In alto, la cucina e la sala da pranzo.

Left, the living room.
A sinistra, il living.

Two bedrooms and a bathroom.
Due delle camere da letto ed un bagno.

Next pages, the charming landscape from the living-room.
Nelle pagine seguenti, l'incantevole panorama dal living.

The architecture and the pool's lines.
Le linee architettoniche della villa e della piscina.

Above, the dining-room outdoor.
In alto, il pranzo esterno.

Left, the view of the lighthouse.
A sinistra, il faro.

www.congedoeditore.it
© Congedo Publishing settembre 2011 – Galatina (Le) – Milano – Italy
ISBN 9788896483138

Stampa: www.publish.st

Photos Congedo Editore Archive

Translations by: Nolan Horsey